Die Versuchung

Ein Gespräch des Dichters mit dem Erzengel und Luzifer

Franz Werfel

Alpha Editions

This edition published in 2022

ISBN : 9789356894495

Design and Setting By
Alpha Editions
www.alphaedis.com
Email - info@alphaedis.com

Die Versuchung
Ein Gespräch des Dichters mit dem Erzengel und Luzifer

Wüste

Der Dichter:

Sie haben vor den Pyramiden Aida aufgeführt. Ich jauchzte, als ich die superbe Auffahrt vor den berühmten Jahrtausenden sah.

Und diese Beleuchtungen, diese Fanfaren, diese Musik, die all die liebgewonnenen Theaterschicksale in luxuriös unsterbliche Melodien setzt. Ich war diesen Nachmittag so glücklich. Nichts als ein Kultus, ein ewiger Kniefall für dich, Miß Olivia. Warum hast du mir das getan? Wo ich doch jenes glückliche Lachen hatte, das in mir Tribünen und Automobile, Fellachen und Ladies, Sphynxe und Statistenbäuche, Kamele und Wiener Kaffees tanzen ließ.

Warum mußtest du sagen, daß ich jenem braunen, o-beinigen Baritonisten ähnlich sehe! Weißt du denn nicht, wie eitel ich bin? Mußt du mich täglich zerschmettern? Das erstemal, als wir uns in Luzern auf der Reunion im Hotel National sahen und ich dich bebend, wie kein Kaiser vor einem Staatsstreich, zum Twostep aufforderte ... schweige, Mensch! Unsäglicher Schlemihl. Alles um dich siegt.

Nur du bist dumpf und zitterst vor jedem bißchen Leben, das du großartig das äußere nennst, und das dich, wenn du sicher bist, so seltsam gleichgültig läßt. Jeder Kellner unterjocht dich, jede Dirne blamiert dich.

Apropos, peinige nur dein Herz. In einem Münchener Weinlokal, hat nicht ein Herr aus Magdeburg, ein Statistiker des jährlichen Niederschlages, ein Wetterprophet, ein Kerl wie Weißbier, die süße Erika, die du wie ein Legendenwesen behandeltest, von deiner Seite gerissen?

Womit? Gott, ich muß zu meiner Schande gestehen, ich war die bessere Wurzen. —Womit? Mit welchem Heroentum? Er bestellte bei der Musik das Lied „Zeppelin kommt nach Berlin“, schlug mit den Fäusten den Takt, sprühte hinter seinem Zwicker, war eine durchwärmte, anschmelzende Büste von Vertraulichkeit und lustigem Wohlwollen ... und hin war alles.

Das ist das Gesicht der Sieger!

Und du, Miß Olivia. Wie nenn' ich dich?

Du Element, du Abend, du leiblos Üppige, du Regen im Saal!

Ich, ich sollte eifersüchtig sein!

Haha, hätt' ich doch wenigstens die menschliche Kraft dazu.

Aber im Grunde verehre ich die anderen.

Das sind große Herren, in sich, voll Ruhe, Gemessenheit und Mittelpunkt. Sie haben das Leben wie sie's wollen. Heute und morgen ist ihnen ein Ziel. Was daneben geht ein Malheur. Und du, Miß Olivia, was bist du ihnen? Etwas, was man erreichen und besitzen kann.

Begreift dich denn einer?

„Gemach," falle ich mir selbst ins Wort, „willst du denn etwas anderes als erreicht und besessen werden? Du rechnest nur zu gut. Alles, was du tust, ist Rechnung." Und ich fühle in diesem Moment wieder bis ins Mark, wie ich Narr des Zufalls dir fremd und widerlich sein muß.

Und doch, nur ich empfinde dich, nur ich empfinde deine Seele, nur ich deine metaphysische Erscheinung zur Welt.

Warum, wenn du die Hotel-Hall betrittst und in die Hände klatschend ausrufst „Kinder, das war schön, den ganzen Vormittag sind wir im Segelboot gesessen und haben uns treiben lassen", warum werde ich dann so müde und traurig?

Warum muß ich an einen ganz bestimmten schwindsüchtigen, todbleichen Lehrer aus dem Erzgebirge denken, wie er aus seinem engbrüstigen Häuschen tritt und aus dem dünnen Vorbeet einen Salatkopf zieht? Warum habe ich diese Vision vom Aztekenkönig Montezuma? Wie dieser in überirdischer Märtyrerheiterkeit, goldgepanzert und konradinblond auf der Freitreppe seines brennenden Palastes steht? Sehe ich dich in Balltoilette, warum habe ich das rasche überwältigende Gefühl von Hochtouren, Durst, Ahnung von Quellensturz und jauchzende Glieder?

Gott, Gott, bin ich das Medium, das dich ahnungslos in dir Beruhende mit der Welt verbindet, bin ich jener leitende bewußte Stoff zwischen dir und der Unendlichkeit?

Das ist es ja. Die Andern sind Menschen!

Schon was sie wollen, gehört ihnen. Sie bemessen ja einander nach Willen und Erfolg.

Meine Sehnsucht ist Flucht, mein Streben ein Wegstreben.

O ich Midas. Was ich berühre, wird unnahbar, fern und heilig und läßt mich allein.

Und warum mir gerade dies fürchterliche Geschenk der Poesie? Es leben noch durchdringendere unwiderrufliche Geister, es leben schwellendere, wirksamere, umfassendere Herzen.

Warum mir ein Schicksal, das ich nicht zu ertragen vermag?

Ich kann diesen irdischen Vergnügen, an denen ich täglich strande, nicht entsagen.

Ich brauche diese Atmosphäre von Welt, die mich ewig beschämt. Ich brauche die Rennplätze, die Strandkasinos, diesen kosmopolitischen Jargon, den ich durchschaue. Ich brauche diese glänzenden Terrassen, auf denen ich mich minderwertig erzeige.

Warum, warum dieser Dämon, der mich immer zur Demütigung treibt?

O du verhaßtes, geliebtes Menschentum.

Du angebetet, wohlerwogenes Handeln aus Gründen, du bespien ersehntes Beschränktsein!

Satan:

Was jammerst du? Ich will dir helfen.

Der Dichter:

O Satan!

So krümme ich mich zu deinen Füßen.

Zermalmter, von den Dingen verzehrter, hochmütiger von den Stunden behandelt ist auf dieser ganzen Welt kein Wesen, als ich. Ich wanke erhaben zwischen den konstanten Naturen. Jeder Gegenstand ruft mir zu: „Schau mal an, wie fest ich bin. Versuch's doch, mach mir's nach. Ich pfeife auf den Auf- und Abschwung deiner Seele. Damit kommt man nicht weit. Und das Leben ist doch plausibel, und manches wäre zu erringen. Was mein Teil ist, wird mein sein. Hörst du? Ich fühle mich wohl in mir; dann streck ich bloß die Hand aus und was ich will, habe ich. Aber eins, Väterchen, ist nötig. Festigkeit, ein Charakter!“

So flüstert’s um mich.

Und erst die Verzweiflung in mir.

Schwächling, nicht fähig ein Schicksal zu ertragen. Du Unsittlicher! Du erkennst das Gute, dich empört die Niedrigkeit, manchmal schwillt es in dir empor, die verfaulte Welt niederzurennen und in deinem Innern Ordnung und Gesetz zu schaffen, vermagst du nicht. Satan, Satan, was soll mir die Kraft, im Banalen das Ewige zu sehen, was soll mir die Wonne, Entzücken in der Vernichtung zu fühlen?

Ich habe niemals ein festes Ja gesagt! Ich war niemals Mensch!

Mein Wunsch macht mich lächerlich, Satan, gib mir einen Charakter!

Satan:

Sieh’ hin, was ich dir geben will, Sterblicher.

Der Dichter:

Was ich erblicke, sind die Reiche dieser Welt.

Satan:

Und mehr als die Reiche dieser Welt sollen dein sein.

Ich will dir unschätzbare Eigenschaften verleihen. Ich will dir die Eigenschaft verleihen, daß niemals dein Frackhemd ermatte, daß niemals die klare Eleganz deines Smokings sich trübe. Begreife wohl, das sind Eigenschaften, die ich nicht etwa nur zu deinem Äußeren füge, nein, in dein Gemüt senke ich geheime geschlossene Kräfte. Um deinen Mund lebe ein Lächeln, das dich fürchterlich macht. Quintessenz der Diplomatie spiegle der Glanz deiner gestrafften Stirnhaut. Eine Kälte sei dein, die Menschen zum Spielzeug macht. Die Stunde sei deine Sklavin. Spürst du schon deine unabwendbaren Schritte in den Spielsälen? Spürst du schon den Rausch finanziell wahnsinniger Machinationen? Ahnst du deine neue Welt? In den Hallen des Verwaltungsrats, im Direktionszimmer enormer Opernunternehmungen?

Und über allem Sicherheit der Macht. Dein Weg geht weiter. Ein Thron ist nicht nur ein Wort. Dynastien sind Puppenspiel. Sei Herr der Haupt- und Staatsaktion! Fühlst du im Taumel jagender Überlegenheit schon bewimpelte Perrons und die Trommelwirbel der Ehrenkompanie?

Der Dichter:

Für wie unkompliziert mußt du mich halten, Satan, um mir mit Konträrem zu kommen. Kann meine vom Unendlichen verwöhnte Brust ausfüllen dieses kindische Herrsein über kindische Institutionen? Vielleicht bebt manchmal mein weltzerrissenes Herz nach innerer Autokratie. Aber deines Bürgertums im Verwegenen, deiner scharfen Mundwinkel, deiner Potentaten-Triumphe spotte ich.

Satan:

Überlege es wohl, ehe du diesen meinen ersten Vorschlag verwirfst. Wonach ihr Menschen strebt, was ist es anderes, als Leidlosigkeit? Leidloses Leben biete ich dir.

Der Dichter:

Das Leid, das Leid gerade ist es, was ich suche.

Satan, Satan, ewiger Geist, blamiere dich nicht! Haben dich meine wirren Klagen so getäuscht, daß du mich auf diese Formel bringen willst? Deine Aussichten sind gut für ungeschickte Schullehrer, für giftige Bezirksrichter und enttäuschte Oberleutnants; nicht für mich.

Satan:

Eins vergißt du, ewig Ungeliebter! Von Stund an wärst du der Geliebteste des Erdkreises.

Der Dichter:

Glaubst du, lächerliches Wesen, ich gäbe einen Heller drum, wenn mich Miß Olivia liebte?

.... Doch darüber erkundige dich in meinem dramatischen Gedicht „Der Besuch aus dem Elysium“.

Und schließlich, was ist aller Besitz, alle Wollust gegen das metaphysische Vergnügen bei der Betrachtung der in sich wandelnden Geliebten mit Sonnenschirm?

Satan:

Du verschmähst meinen Vorschlag, weil er das Wichtigste in dir nicht berechnet hat. Die Poesie.

Hier mein zweites Wort!

Ich will dir eine berückende Biographie geben, ein Leben voll süßer weinender Abenteuer. Ich will in dein Schicksal wunderbar geheimnisvolle Wesen mischen. Schauspielerinnen. Dann sollst du schön sein und mit den Frauen dich selbst anbeten. Dem Schwung deiner Züge sollen sich die Abende und Nächte, die dir geschenkt sind, die Arme, die dich je halten und die Worte, die deinem Mund entsinken, anschmiegen.

Dein trauriger, leidenschaftlicher Genius soll Verse haben, daß knöchrige Monarchen und Kindermädchen in dem erfüllten, verdunkelten Raum heulen. Triumphe seien dein, vor denen Könige und Tenöre erblassen. Wenn du nach der Apotheose deiner Premiere ins Proszenium trittst, überrasen dich Kavallerieattacken des Applauses aus den Hinterhälten der Galerie. Leitartikler lässest du antichambrieren. Doch auch die ruhigen, ernsten, bedeutendsten Geister sollen sich deinem Zauber beugen. Premierminister bestimmst du durch die Hölle eines Wortes zu paradoxen Umwälzungen, hundert Seiten von dir, und das Wahnsinnige wird Ereignis. Der besonnte Flug eines rhetorischen Vogelschwarms, und das zynische Zeitalter schlägt sich an die Brust und explosive Güte wird Mode. Wildes brillante Geste sei gegen dein Furioso ein Salonwalzer gegen eine Bach'sche Fuge, Pindars olympische Krönung von minder mythischer Gewalt als deine verzehnfachten Nobelpreise, Byron das Erdenwallen eines krämrigen Poseurs angesichts deines rührend erhabenen Dahinschwebens, und krachten aus Missolounghis morschen Balkanscharten 21 Kanonenschüsse, sollen nach deinem Tod die Flotten der Nationen, von Pol zu Pol, diesem Tag den Trauersalut bringen. So gebe ich dir den Ruhm im Leben.

Und nachher das höchste, was ich verleihen kann, Unsterblichkeit.

Der Dichter:

Ruhm! Ruhm! Du Vision über meiner Schulbank.

Wer gibt mir den Ehrgeiz des Ungedruckten zurück? Wer den Tag, da ich dich ausschöpfte bis zum letzten Nachgeruch des letzten Tropfens dich einatmete, Ruhm!

Ich sehe mich noch, wie ich Gymnasiast, zitternd von Vorahnung, meinen Freund zu seiner Wohnung begleitete.

Zu jenem gelben, bestaubten Haus des Ledergeruchs. Ich fühle noch seine Bewegung, mit der er die Treppe hinaufzulaufen pflegt.

Eine Schicksalserwartung im Hausflur. Und doch wollte er sich nur ein Taschentuch holen. Ach, da kommt er atemlos, springt drei Stufen auf einmal und hat in der Hand die kleine rosa Sonntagsbeilage einer Residenzzeitung. Und die Besinnung verbleicht, die Augen werden machtlos, das Herz verliert die Fassung, eine tiefe Übelkeit schraubt alle Nerven tief . . . Gott, auf der ersten Seite wohlgereiht, ungeträumt, unverrückbar, da, und doch vor Ohnmacht nicht erkannt, das kleine, steife Gedicht, das Wochen hindurch, dreimal während jeder Speise, auf dumpfen Schulwegen, ja bei jedem Stuhlgang dreimal mein Traum sich aufsagte.

Den Tag eines kaum mehr Irdischen verlebte ich. Meine Schritte bekamen einen anderen, tieferen Klang. Ich ging ausstrahlender, furchtloser, unverletzter durch die Straßen und drängte mit meinem Körper, der mir antik gewandet vorkam, mit meinem Kopfe, den ich als etwas marmorn umlocktes empfand, Wind und Gespräch, Fluch und Wagengerassel zur Seite. Vor Warenhäusern, Wagenreihen, Kaffees blieb ich stehen und war erstaunt, als ich erkannte, wie tief das Ereignis meines gedruckten Werkes in die Welt gegriffen hatte; etwas schien an allem vorgegangen zu sein, alles schien auf mich zu deuten mit einem achtungsvoll schielenden „Aha". Und dieses Wissen der Dinge machte mich geradezu frech. Ich sagte zu einem Polizisten „Sie da, wo kommt man auf den Castulusplatz" und bat einen Feldmarschall-Leutnant verdrießlich um Feuer.

Ja, damals ward Ruhm erlebt. Von meinem Ruhm ward jedes Auge, jeder Mund voll. Ich schlug mit Sicherheit jede Zeitung auf, und als ich meinen Namen nicht fand, war das selbstverständlich, denn das gewohnte Ohr hört auch nicht den Ton des Meeres und der Luft, und gar das ewige Geräusch der Sterne, und so war auch mein großes Dasein als schon natürlich und alles ausfüllend übergangen worden.

O, daß der irdische Genuß nur einmal genossen wird.

Was ist mir jetzt mein ärmlicher Ruhm? Klatsch dreier Kaffees und lächerliche Politik dreizehn übelgeratener Literaten?

Und was wäre ein großer Ruhm? Mehr unsachlich, weniger böswillig, doch einfältigerer Klatsch der befestigten Gesellschaft.

Unsterblichkeit? Das Argument dagegen liegt auf der Hand.

Gewiß, gewiß. Oft sehe ich mich im Traum. Wie ich jahrelang in der Nähe einer Frau diese floh. Sie lachte über mich weg den Diabolokreisel spielender Kinder an. Und da komme ich auf gezäumtem, festlichem Pferd die Straße herab. Und das Spalier wirft toll die Hüte in die Luft und aus offenen Fenstern streut man langsame Blumen um mich. Und da ist auch die Schöne. Ich halte mein Pferd an, und mein fast schon steinerner Mund spricht ein Wort, das langsam wie die Ehrenblumen rings niederfällt. Da schaut mir die Frau in die Augen und streichelt mein Pferd, und rasend jubelt, wie ich weiterreite, das Volk um uns mit Tambourins und Tschinellen.

Aber das ist ein Traum, wie ein Bub die Geliebte aus dem brennenden Hause zu retten träumt.

Ruhm, Unsterblichkeit. Nein, nein, nein! Ich halte mir die Ohren zu, Satan.

Satan, Satan, bist du ein Quacksalber? Hast du in deinem Feuersack nur Medizinflaschen? Um mich zu vergessen oder zu erweitern, gab Gott uns Haschisch und Opium.

Satan, Satan, bist du ein Theaterfriseur? Hast du in deinem Feuersack Perücken und Schminkstifte? Willst du meinem Inwendigen und Äußeren eine schneidig geringschätzige Treumannmaske anmalen und mit ein paar höllischen Kohlenstrichen ein brutal fernes Lächeln mir um die Lippen ziehen, oder mit fachmännischem Zu- und Wegspringen mir einen melancholisch hinreißenden Lockenkopf von säkularer Gültigkeit anordnen?

Ich will, ich will keine Metamorphose.

Ich will meine Wahrheit kennen. Mein innerlichstes Licht oben haben.

Wenn ich um einen Charakter flehte, so meinte ich nichts als die Kraft, durch den Urwald des Selbst durchzukönnen nach einer erkannten, mit den Schlüssen des Zuendedenkens und den Blitzen des Nach-allen-Seiten-hin-Fühlens übereinstimmenden Richtung.

Satan:

Es ehrt dich, Mensch, daß du es verschmähst, von mir ein neues Leben anzunehmen! Es hätten sich Naturen, die du für stärker hältst, durch weit geringeren Bauernsang erwischen lassen.

Wisse es, so oft du auch dumpf, weinerlich und unfähig zu leben bist, deine Seele, Mensch, deine Seele ist stark. Sie sollen nur höhnen, Ästhet! Dich hat der Teufel, verwirrt Ehrlicher, durch kein Raffinement gefangen.

Erkenne nun, was ich für die besten Temperamente bewahre, und wähle!

Kein neues Leben gebe ich dir. Aber ein neues Schicksal. Und zwar, mein Unersättlicher, das schmerzlichste aller Schicksale und das triumphalste: Den Kampf!

Der Dichter:

Kampf! Verzeih' Satan, wenn ich skeptisch werde, an mir skeptisch werde. Es ist etwas Unpolemisches in mir. Etwas, was einem irdischen Übel ein ironisch transzendentales Gewicht entgegenhält. Einen vielleicht billigen Trost in der ewigen Ordnung.

Satan:

Ich habe dein Herz beim Lesen mancher Notiz aus dem Gerichtssaal belauscht. Du unterschätzest deine Vehemenz. Bisher warst du wohl allzu gesättigt. Das irdische Übel erschien dir in derselben Distanz wie die ewige Ordnung. Aber ich will dir das irdische Übel naherücken, ich will's um dich gruppieren.

Du sollst das Leben nicht mehr aushalten, wird mein Geschenk sein. Du wirst verwandt werden meinem Geschlecht. Dein Schmerz wird ein Luzifer-Schmerz sein. Schweig'. Du wirst dich nicht umbringen. Du bist ein Dichter. Du wirst brausen.

Nicht mehr werde ich, wenn ich vielleicht als Hauswirtin dir früh den Kaffee bringe, dich bei jenen uns bekannten Monologen ertappen.

„So, da stehe ich nun auf und bin voll von einem Vers, den auszudrücken ich zwei Tage brauchen werde. Warum kommt dies

Erschrecken über mich und diese verächtliche Frage, wozu dies alles? Soll dies schön Fühlen und schön Reden wirklich der Ersatz sein für all die Erbärmlichkeit? Warum bin ich gerade dazu verdammt, mein Leben an eine Lüge hinzuwerfen, die nur dadurch in mir gehalten werden kann, daß sie die anderen, das Publikum, scheinbar aufrecht erhalten. Wenn dieser Abgeordnete gestern nicht zitiert hätte „Es soll der Dichter mit dem Fürsten gehn" (wie ist im Herzen des Abgeordneten dieses Wort leer), so hätte ich gestern vielleicht nicht so tief an Wert und Wichtigkeit der Poesie geglaubt!

Wie gemein bin ich doch im Grunde. Ich freue mich ja zuschauend über das Gute und Böse, das mir passiert, um nachher nur darüber innerlich herzufallen. Plausibel wäre vielleicht einzig noch „Selbstmord durch Kunst". Sich aufgeben, aber gestalten. Oder — oder. Ein Wirkender zu sein. Ein unerforschlicher Gigant der eigenen Idee. In dem Scheiterhaufen der Sätze verbrennen die schnöden Gesinnungen, die gleichgültigen Taten, Systeme und Menschen, Kunst als Revolution. In Tyrannos!"

Siehst du, Dichter, ich will dir ein Schicksal geben, daß du dieser herjagende Erfüller sein wirst. Ich will dich mit Ekel und Mitleid bis oben anfüllen, daß du über Parlamenten, Kongressen und Weltversammlungen wie ein Samum dahinfährst. Ich will dich durch Wahnsinn des dir Begegnenden aufreißen zu unerhörtem Mut, zu unerhörten Taten. Du sollst die Wonne fühlen! Einer gegen Millionen. Und den Tod aller Tode sollst du sterben. Im Triumph, im Sieg, während eines Bombenattentats oder durch die Kugel eines ohnmächtigen Feindes nach dem Erdbeben einer deiner Reden.

Der Dichter:

Halt ein, halt ein! Alles, was du versprichst, ist Rausch. Alles ist Rausch! Auch deinen Kampf will ich nicht. Ich will mich nicht vergessen. Haschisch und Opium nannte ich schon. Ich gebe nicht meine Zweifel der Geschäftigkeit hin. Nicht ein Aufwachen, wo man noch Verse des Traumes im Ohr hat, gegen ein intrigantes Pathos. Wer sich der Richtigkeit entgegenwirft, wird selbst nichtig. Wer in der kleinen Misere Leid der Ewigkeit spürt, singt, aber kämpft nicht. Nein, nein, dein Kampf gegen Dynastien, Parlamente, Dummheit, Verbrechen, ist nicht mein Kampf. Häufe Hunger und Unglück auf mich, du täuschest dich, wenn du meinst, ich würde zum rhetorischen Parteigänger, zum dialektischen Anarchisten.

Dies Herz weiß zuviel, es hat zu sehr die Trostlosigkeit, die Einsamkeit, die Einsamkeit jedes Grashalms und jedes Lämpchens erfahren, hat zu heiß über verlassene Bänke bei Sonnenuntergang im Park geweint, als daß es den Unsinn der Wehrmacht und der Gesetzgebung überschätzen würde.

Satan, Satan, du bist mir nicht gewachsen. Ahnst nicht die Zartheit, die Demut in mir. Ich brauche nicht den Rausch des Außerordentlichen. Mich berauschen ja all die lieben Wiesen, die Bienen, und ein gütiger Weltblick einer zahnlos ordinären Hexe zum Kruzifix oder zu den Wolken versöhnt mich mit der entsetzlichsten Verleumdung aus ihrem Munde.

Ha, ich fühle, wie in mir all die Qualen so klein und niedrig werden, wenn das Leben, das Leben wieder unendlich an meine Brust greift.

Satan:

Ehe du mich verstößt, ehe ich entfliehe, vernimm noch. Schlag nicht aus die Hand Luzifers, des zur Erde Gefallenen, dem Gott das nahm, was jetzt aus deinen Augen bricht.

Die Menschen, höre, sind dein Untergang. Du sprichst nicht ihre Sprache, sie werden dich wegwerfen. Dein sei die Einsamkeit! Trage deine Liebe in die Wildnis! Ich will die Welt um dich bezaubern. Die Flüsse, die Lerchen, Vulkane und Bestien seien Träger deiner Stimme, Behälter deines Schmerzes. Die sieben Farben sollen beglückt um dich tanzen. Dein Leid harmonisiert sich. Du kraftvoller Widerstrahl Gottes, Orpheus, süßes, seliges Abbild, Erinnerung meiner selbst, ehe ich schuldig worden.

Ich wollte dich vernichten, als ich dich dreimal unter die Menschen verwies. Meine Erinnerung vernichten. Jetzt aber beugt mich Sehnsucht, Sehnsucht nach der alten Reinheit. Bleibe, o Klang des Kosmos, bleibe mir.

Der Dichter:

Satan, Satan, du auch mein Bruder.

Jetzt weiß ich, daß ich unter die Menschen muß. Alle meine Zweifel, meine Anklagen gegen mich, schrumpfen nun ein, wo urplötzlich eine ungeheure Sonne aufging, und ich sehe, daß all das, was ich für Mangel hielt, Schicksal ist, mein einziges Schicksal, das keinem, keinem Wesen angeglichen werden kann. Ich werde nicht mehr zetern über chaotisches Gemüt, Unstandhaftigkeit, Unsittlichkeit. Die Gesetze des Menschen, auch seine Moralgesetze, sind nicht die meinigen, weil ich in Beziehung zu ganz anderen, höheren Gewalten stehe.

Ich werde nicht mehr weinen, weil nichts Menschliches an mir ist außer Hunger, Durst, Schlaf und Wollust. Und doch, so ich nun mein unmenschliches Schicksal erkenne, treibt es mich wieder, unsäglich treibt es mich zu den Menschen.

Satan

(hebt sich dunkel auf und verschwindet).

Der Erzengel mit dem Flammenschwert in der Rechten steht feurig über dem ganzen Himmel.

Der Erzengel:

Nun der unselige Bruder versank, blicke in dieses Auge, Mensch.

Der Dichter:

Was überwältigt mich so wonnig?

Es stürzen Lawinen in meiner Seele und goldene Bäche nieder. Heimat, Heimat! Ist auf den seligen Gefilden deines strahlenden Kleides, die Heimat, die so oft nach dem Schmerze wirr empfunden und beweint wurde?

Ich will nicht mehr fort.

Laß mich sterben. Zu dir, in dich einziehen. Bist du das, was ich Kindheit, Unbewußtheit nannte, bist du das, was ich Bai des Entschluchzens, Tod nennen will? Nicht mehr zurück, nicht mehr zurück in das Leben, wo die entsetzlichen Schimären, Arbeit, Ehrgeiz und Gleichgültigkeit den Jammer der Seele verhöhnen. Sei das Eichenbett zur Winterszeit, in dem ich mich klein machen will, sei das vergehende Firmament des Frühlings, unter dem beruhigend die tausend ersten Schwalben taumeln, sei das Antlitz der Geliebten, in dem ich schlafen gehe, sei die vergangene Stimme der Mutter bei einer Kinderausfahrt im Landauer!

Der Erzengel:

Du wirst nicht sterben! Dein Geburtstag ist heute, o Sohn! Was siehst du?

Der Dichter:

Ich bin in einer Dorfkirche.

In groben Bänken grobe Gestalten mit harten, unversöhnlichen Gesichtszügen. Der Pfarrer liest die Messe. Eine Orgel höre ich nicht. Das Trippeln, Knixen und Klingeln der Ministranten ist mir ebenso widerlich, wie das falsche, salbungsvolle Sichumdrehen des Geistlichen und sein kastriertes Dominus vobiscum und saecula saeculorum.

Ein hoher, hohler, öder Chor macht mich verdrießlich. Da, auf einmal bewegt sich ein komischer, farbiger fahnenbewehrter Zug vom Hauptportal zum Altar. Voran eine Musik, zehn Männer mit ungeheuren, gelb verschlungenen Instrumenten, dann mit kurzen Schritten Feuerwehr, nachher ein Veteranenverein und zuletzt weiße Firmkinder. Mädchen mit langen, schlenkernden Armen und kurzen Zwirnhandschuhen, an dem rührend flachen Busen allerhand Blumen; Buben, die halblange Hosen und ungewohnte Scheitel tragen, und denen von verwegenen Spielen schwere und derb zerrissene Hände allzu groß und unbeherrscht ruhig aus runden Ärmeln hängen. Mütter drängen sich, Weisungen erteilend und mit Blicken dirigierend an die Schar.

Da beginnt die Musik. Hörner und Klarinetten setzen falsch nacheinander ein und haben Mühe, sich zu finden, während unten und oben jedes für sich und unbeirrt Bombardon und Flöte ihres Weges gehn.

Und jetzt, jetzt ist es doch Musik. Süß, einfach wie Atem, wie Wind, ineinander Thema und Baß. Ist es ein Stück aus der Schöpfung Haydns, ist es Pergolese oder ein simpler ländlicher Choral?

Das Einzige ist auf einmal da, was alle, alle Geschöpfe vereint, Musik. Das Unbegreiflichste und Sicherste dieser Welt. Wie auch Lärm um uns ist, der langsame Viervierteltakt hebt an, und jedes Gemüt hört unbewußt den Takt seines eigenen Wandelns und empfindet die große Brüderschaft der Wesen, fühlt wie sein Gang der Gang der Planeten ist, der Tanz der Sonnen und der kleine Lauf eines Wiesels.

Die ruhige, schreitende Melodie ist da und mich erfaßt ein erhabenes Allerbarmen.

Ihr sitzet da mit rauhen, verlorenen Gesichtern. Du dort, Wucherer, mit dem Glasauge, und du dort, Frau, aufgedunsen von vielen Geburten. Jener denkt an einen Pferdehandel, dieser an die Versicherung seines Hauses. Die schmächtige Frau träumt davon, daß ihr Mann Gemeinderat wird und die üppige von der Brutalität ihres Liebhabers.

Kennt ihr euch denn, ihr Menschen?

Ihr Armen, Armen, einfältig Schlauen!

Und du, überlegener Herr Professor, wackerer Monist, was weißt du denn von dir und Welt? Armer, einfältig Schlauer!

Nur ich, nur ich verstehe euch!

Nur ich schöpfe von eurem Antlitz eine Grimasse ab und habe ein Stück flatternde Seele in der Hand. Ihr seid Handelnde, Mitwirkende dieses großen Balletts, — ich bin der ferne, der schmerzliche Outsider.

Der Erzengel:

Nun hast du dich erkannt. Nun weißt du ganz, daß dein Reich von dieser Welt nicht von dieser Welt ist. Das ist, o Dichter, dein Geburtstag. Und in dieser Welt, der Gesandte, der Mittler, der Verschmähte zu sein, ist dein Schicksal. Kein Gesetz, keine Moral gilt für dich, denn du bist der unsrigen, der unendlichen Geister einer.

Der Dichter:

Welch unbekannter Stolz durchrollt mich, welch neue Stärke faltet meine Stirne?

Die Welt braucht mich.

Ja, ich höre eure Stimmen alle.

Der blonde verprügelte Soldat ruft mich an, ein kaum getötetes Häslein, das fröhliche Jäger mit in die Stube brachten, wartet, daß ich fühle, wie anmutig mädchenhaft sein kleiner Körper erstarrt. Die große Zigarre eines Börseaners sieht mich seltsam an, und ich allein, ich allein empfinde für sie, daß sie nun bald nicht mehr sein wird, nicht einmal mehr Rauch. Eine kleine energische Frau sagt: „Ja, als dann mein Bruder selig starb, war ich ganz allein.“ Und meine Seele umarmt sie und weiß alles, das Abstauben bei fremden Leuten am Morgen, das Mittagessen in der Küche (sehr viel Zimmet und Zucker), den

Hausherrn in Pantoffeln, seine großen, roten, haarigen Hände, wie sie nach dem runden, festen Busen tasten.

Auch dein Ärger spricht zu mir, heute, unvorteilhaft gekleidetes Mädchen auf dem Kränzchen, und deinen Mut schöpfe ich aus, Minister, wenn du ruhig dem Wirbel der Tintenfässer und Lineale standhältst.

Bronislawa, Barmaid, du tanzest mit einem schlanken Idioten.

Und ich vergehe vor Schmerz und Jubel, denn bald, bald wird dein wunderbarer, zarter Körper erlöst sein. Du bist nicht mehr. Mit dem Walzer der Damenkapelle, mit dem Weingeruch, mit der langsamen Höflichkeit der Kellner stürzest du ein. Dein silbriges Skelett faßt ein Sarg. Doch dein unsterblicher Augenaufschlag, der harte Tanzschritt deines Fußes, dein flatternder Alt, die Hingabe durch den Mann hindurch an dich selbst, deine unsinnigen Redensarten, dies alles, alles entschwebt und ist überall da, und ich Glücklicher finde es, wenn der Mond aufgeht und Mädchen den Eimer aus dem Brunnen emporkurbeln.

Engel, mein Engel, jetzt fühle ich, daß ich von deinem Geschlechte bin. Ich bewundere mich. Ich bin groß.

Der Erzengel:

Wie du's erkennst, bist du es schon. Aber, mein Sohn und Bruder, sage, was hörst du jetzt für Stimmen?

Der Dichter:

Stimmen der Lästerung und des Unverstands. Ich will mich auf eine Steinbank setzen und himmlisch lachen. Nein, nicht mehr glaube ich von meinem Erdenwallen, daß es nutzlos und unfruchtbar sei.

Mögen sie nur rufen und achselzucken: Schwächling, Weichtier!

Ich führe und leite sie doch.

Die ganze grüne Erde liegt da und schweigt.

Ich werde sie ihnen schenken und sie werden reich von meiner Armut sein.

Denn siehe, ich bin die Verkündigung!

9 789356 894495

Printed at Repro India Ltd.